Linda Lau

Diagnostik und individuelles Fördern am Beispiel von LRS

GRIN Verlag

Bibliografische Information der Deutschen Nationalbibliothek:

Die Deutsche Bibliothek verzeichnet diese Publikation in der Deutschen National-
bibliografie; detaillierte bibliografische Daten sind im Internet über http://dnb.d-
nb.de/ abrufbar.

Impressum:

Copyright © 2010 GRIN Verlag GmbH
Druck und Bindung: Books on Demand GmbH, Norderstedt Germany
ISBN: 978-3-640-82226-3

Dieses Buch bei GRIN:

http://www.grin.com/de/e-book/166132/diagnostik-und-individuelles-foerdern-am-
beispiel-von-lrs

Diagnostik und individuelles Fördern
am Beispiel von LRS

Inhaltsverzeichnis

1. Einleitung I

Unsere Gruppe beschäftigte sich im Rahmen des Seminars „Formen des Lehrens und Lernens in heterogenen Lerngruppen" mit dem Diagnostizieren und dem individuellen Fördern im Unterricht.

Unter Diagnostik im Unterricht versteht man eine Bewertung, die mithilfe genauer und wissenschaftlicher Fragestellungen zu einer Datenerhebung führt, mit der man zum Beispiel den Leistungsstand einzelner Schüler erfassen oder Abweichungen von bestimmten Normen erkennen kann. Aufgrund dieser Bewertung kann die Lehrkraft zu einem fundierten Urteil über einzelne Schüler einer Klasse kommen. Die Ergebnisse können wiederum dazu verwendet werden, den Unterricht zu planen oder gegebenenfalls individuelle Fördermaßnahmen zu ergreifen. Im Allgemeinen wird für Letzteres ein individueller Förderplan verfasst, der dem Schüler helfen soll, Defizite und Schwächen zu überwinden. Im Folgenden wird die Zusammenarbeit der Gruppe während der Vorbereitung und der durchzuführenden Seminarsitzung dokumentiert. Außerdem enthält der folgende Text eine Reflexion der gestalteten Stunde.

2. Dokumentation der Sitzungsgestaltung

2.1. Vorbereitung

Es galt eine Unterrichtsstunde vorzubereiten, in der das Gruppenthema den Teilnehmern des Seminars nicht nur durch einen Vortrag, sondern auch durch die Anwendung der vorzustellenden Methode näher gebracht werden sollte.

Bevor die Gruppenarbeit begann, setzte sich jeder Einzelne zunächst selbstständig mit der vorgegebenen Literatur zu dem Thema auseinander. So war gewährleistet, dass die Gruppe zusammen optimal mit dem Material arbeiten konnte. In der nächsten Phase verschaffte sich die Gruppe zunächst gemeinsam einen Überblick über den zu vermittelnden Inhalt. Zunächst wurden inhaltliche Fragen und Verständnisprobleme, die beim Erarbeiten des Textes aufgekommen waren, geklärt. Da aus dem umfangreichen Textmaterial ein nur kurzer, aber trotzdem informativer Vortrag verfasst werden sollte, folgte auf die Textarbeit eine ausführliche Diskussion über die Auswahl der wichtigsten Themen und Aspekte. Daraufhin wurden die verschiedenen Themengebiete unter den Gruppenmitgliedern verteilt.

Die Gruppe einigte sich als Einstieg auf einen Test, der für alle Seminarteilnehmer verbindlich sein sollte. Ziel des Tests sollte sein, das Vorwissen der Teilnehmer über die Diagnostik und das individuelle Fördern zu ermitteln. Anhand der Testergebnisse sollten die

Teilnehmer im späteren Verlauf der Seminarsitzung in verschiedene Gruppen eingeteilt werden und in dieser Zusammenstellung Fragen mit unterschiedlichem Schwierigkeitsgrad über einen, von der Gruppe ausgewählten, Text bearbeiten. Den Studierenden sollte so eine Methode nähergebracht werden, die man auch in einer Schulklasse anwenden könnte, um Schüler, je nach ihrem Vorwissen beziehungsweise ihren Stärken in einem Fachbereich, aufzuteilen und sie so individuell fördern zu können.

Ziel der Seminarsitzung sollte es sein, jeden Teilnehmer auf einen ungefähr ausgeglichenen Wissenstand über das Vortragsthema zu bringen. Dies sollte zum einen mit Hilfe von Kurzvorträgen und zum anderen mit differenzierten Aufgabenstellungen, die dem Vorwissen der Teilnehmer entsprechen, realisiert werden.

Nachdem die verschiedenen Phasen der Seminarsitzung geplant waren, stellte die Gruppe zunächst eine Zeiteinteilung auf. Während der weiteren Gruppenarbeit wurden die Fragen für den Diagnostiktest formuliert. Die Entscheidung fiel auf die Form des Multiple Choice Tests, weil sich dieser schnell korrigieren und auswerten lässt. Da sich der Wissensstand der Seminarteilnehmer im Vorfeld nur schwer einschätzen ließ, wurde beschlossen, keine vorherige Punkteeinteilung aufzustellen und die Teilnehmer je nach Bedarf einzuteilen. Im Anschluss wurde gemeinsam ein geeigneter Text für die Gruppenarbeitsphase in der Seminarsitzung ausgewählt und zudem Fragen zur Bearbeitung formuliert. Die einzelnen Kurzvorträge und die benötigten Materialien wurden daraufhin in Einzelarbeit vorbereitet. Dabei war darauf zu achten, dass die Vorträge nicht mehr als die vorher vereinbarte Zeit beanspruchen würden.

Zum Ende der Vorbereitung der Seminarstunde stellte die Gruppe ein Handout mit den wichtigsten Informationen für die Seminarteilnehmer zusammen. Damit war die Vorbereitung der Seminarsitzung abgeschlossen.

2.2. Durchführung der Präsentation

Zur Durchführung der vorbereiteten Seminarsitzung waren 65 Minuten Zeit vorgesehen. Die restlichen 15 Minuten sollten für eine Rückmeldung des Kurses und eine Reflexion offen gehalten werden.

Der vorbereitete Multiple Choice Test wurde zu Anfang ausgeteilt. Die Referenten erläuterten den Test in Hinblick auf die Bearbeitung. Danach wurde dieser von den Teilnehmern ohne Zeiteinschränkung bearbeitet. Der Test beinhaltete Fragen bezüglich der Diagnostik und dem individuellen Fördern, so dass das Vorwissen in beiden Themengebieten gefragt war. Für jede Frage konnte eine bestimmte Punktzahl erreicht werden.

Während der Test von einem Teil der Präsentationsgruppe ausgewertet wurde, hielten zwei der Referenten einen ungefähr zehnminütigen Vortrag über das Themengebiet der Diagnostik. Dieser sollte den Zweck der vorher durchgeführten Erhebung erläutern und der Seminargruppe einen Überblick über die Möglichkeiten und Mittel der Diagnostik verschaffen.

Im Anschluss wurden die Studenten anhand ihrer erreichten Punktzahl in Gruppen aufgeteilt. Dazu wurden die Testbögen, auf die vorher eine Gruppennummer notiert wurde, wieder ausgeteilt. Den einzelnen Gruppen wurde ein Platz im Seminarraum zugeteilt, an dem sie sich zusammenfanden. Jede Gruppe bekam Arbeitsmaterial ausgehändigt, das aus einem Text und verschiedenen Fragestellungen bestand. Die Referenten erklärten den Studenten, wie die Gruppeneinteilung vorgenommen wurde und wiesen darauf hin, dass man im Unterricht Testergebnisse nicht vor der Klasse öffentlich machen würde.

Die beiden Gruppen, deren Mitglieder im Test die geringsten Punktzahlen erzielt hatten, sollten die wichtigsten Aspekte des gegebenen Textes zusammenfassen. Die Gruppen mit den nächst höheren Ergebnissen, hatten die Aufgabe, die Kennzeichen eines „erfolgreichen Lerners" zu definieren und ein auf ihn positiv einwirkendes Lehrerverhalten zu erarbeiten. Die Gruppen, die aus den Studenten mit den höchsten Punktzahlen zusammengestellt wurden, und damit nach Aussage des Multiple Choice Tests über das größte Vorwissen verfügten, sollten sich mit der Erstellung eines individuellen Förderplans anhand von Fallbeispielen beschäftigen. Alle Gruppen wurden gebeten ihre Ergebnisse auf Folien festzuhalten, um im Anschluss an die Arbeitsphase eine kurze Präsentation der Ergebnisse abhalten zu können. Nach den Präsentationen hielten drei Referenten verschiedene Vorträge über individuelle Förderung. Die Darstellung baute auf die vorherige Gruppenarbeit auf und hatte das Ziel, das Themengebiet weiterführend zu erläutern. Damit war der gemeinsame geplante und vorbereitete Teil der Seminarsitzung abgeschlossen. Es folgte eine gemeinsame Reflexion mit der Arbeitsgruppe.

3. Reflexion des Ablaufs und der Rückmeldungen

Im Folgenden soll die gestaltete Stunde reflektiert werden. Dazu wird zum einen der geplante Ablauf dem tatsächlichen gegenübergestellt und zum anderen auf die Rückmeldungen der Teilnehmer eingegangen.

Im Allgemeinen ist die Gestaltung der Seminarsitzung positiv verlaufen. Es gab keine erwähnenswerten Schwierigkeiten hinsichtlich der inhaltlichen Zielsetzung bzw. in der tatsächlichen Umsetzung der ursprünglichen Planung. Die Gruppe konnte den

Seminarteilnehmern alle wichtigen Inhalte vermitteln. Außerdem haben die Gruppenarbeiten selbst gute und richtige Ergebnisse eingebracht. Die Teilnehmer konnten also mit den gegebenen Informationen angemessen arbeiten und diese innerhalb der Präsentationen gut verwerten.

Dennoch verlief die Stunde im Hinblick auf die Zeiteinteilung nicht ganz wie geplant. Ein Problem bestand darin, dass die Zeit für die Auswertung der Tests zu knapp bemessen wurde. Die zusätzlich benötigte Zeit zum Korrigieren konnte jedoch problemlos durch ein Gespräch mit den Seminarteilnehmern überbrückt werden. Die Gruppenzusammenstellung funktionierte dagegen problemlos, wobei es unerwartet viele sehr gute Ergebnisse bzw. „Experten" gab.

Ein weiteres Problem ergab sich im letzten Teil der Sitzung. Die verschiedenen Vorträge zum Thema Fördern mussten aus Zeitmangel teilweise drastisch gekürzt werden. Aus diesem Grund konnten die wichtigsten Inhalte zwar referiert, aber nicht im Detail dargestellt werden. Raum für inhaltliche Fragen gab es kaum.

Von den Teilnehmern gab es überwiegend positive Rückmeldungen zur Sitzungsgestaltung. Der generelle Ablauf wurde als durchaus gelungen eingeschätzt, da die Teilnehmer einen angemessenen Ausgleich zwischen Theorie und Praxis erkennen konnten. Auch die Frage nach dem Nutzen und Ertrag der Stunde wurde von der Mehrheit positiv beurteilt. Darüber hinaus hielten die Teilnehmer die Aufgaben in den Gruppenarbeiten für angemessen, sowohl hinsichtlich des Schwierigkeitsgrades und des Anforderungsniveaus, als auch hinsichtlich der vorgegebenen Zeit.

Als problematisch erwies sich allerdings das Ergebnis des diagnostischen Tests, mit dem das Vorwissen der Teilnehmer ermittelt werden sollte. Wie sich im Feedback herausgestellt hat, war diese Methode weniger geeignet um das tatsächliche Wissen der einzelnen Studierenden herauszufinden, da die Mehrheit der Beteiligten eine große Anzahl von Antworten nach dem Zufallsprinzip ausgewählt hat. Diese Möglichkeit besteht bei Multiple Choice Tests immer und beeinträchtigt die Erhebung nicht unwesentlich. Aus diesem Grund ist letztendlich ein eher willkürliches Ergebnis entstanden, was nicht immer dem tatsächlichen Wissenstand der einzelnen Teilnehmer entsprach. Folglich bestanden die verschiedenen Gruppen auch nicht aus homogenen Mitgliedern, sondern waren, trotz des diagnostischen Tests, eher zufällig zusammengestellt.

Im Unterschied zur Schulpraxis, wurden die Testergebnisse den Studierenden offen mitgeteilt. Es war demnach transparent, wer sich in einer guten und wer sich in einer schlechten Gruppe befand. Ein solches Vorgehen, d.h. ein offensichtliches Einteilen der Teilnehmer in bestimmte Leistungsgruppen, könnte in einer Schulklasse dagegen zu schwerwiegenden Problemen führen. Deshalb verläuft Diagnostik innerhalb der Schule anders. Lehrer können den Leistungsstand oder das Vorwissen ihrer Schüler zwar ebenfalls über Tests ermitteln, deren Ergebnisse werden der Klasse aber nicht preisgegeben, sondern dienen ausschließlich dem Lehrer als Einschätzung einzelner Schüler oder der Klasse im Allgemeinen.

4. Fazit: Selbstreflexion

Da sich die Ergebnisse des Diagnostiktests als unzureichend erwiesen haben, entstanden in der Nachbereitung folgende Überlegungen zu einer besseren Umsetzung.

Zum einen hätte die Möglichkeit bestanden, unter Beibehaltung der Multiple Choice Fragen, über den Fragebogen zusätzliche Informationen zu erfragen - beispielsweise nach der Semesterzahl oder nach bereits besuchten Pädagogik-Seminaren. Diese Angaben hätten dabei helfen können die Teilnehmer einzuordnen. Es hätte auch hilfreich sein können, einige allgemeine Fragen zur Selbsteinschätzung zu stellen. Wenn das Testergebnis stark von der Selbsteinschätzung abgewichen wäre, hätte man so über eine Zuordnung in eine, der Selbsteinschätzung eher entsprechenden Gruppe, nachdenken und bestimmen können.

Eine gänzlich andere Möglichkeit wäre gewesen, einen Selbsteinschätzungsbogen zu entwerfen. Dieser hätte in dem Fall ausschließlich Fragen enthalten, die mit ja oder nein beantwortet werden können. Die Studenten hätten ihr Vorwissen über bestimmte Themengebiete selbst einschätzen müssen. Mit einer bejahenden Antwort hätte der Seminarteilnehmer z.B. bestätigt, dass er die Eigenschaften eines erfolgreichen Lerners kennt oder ihm verschiedene Arten der Diagnostik im Unterricht bekannt sind. Anhand der Anzahl positiv beantworteter Fragen, hätten die Teilnehmer in die jeweiligen Gruppen eingeteilt werden können. Der Vorteil eines solchen Verfahrens hätte vor allem in der stärkeren Aussagekraft der Ergebnisse gelegen – notwendigerweise unter der Grundannahme, dass die Teilnehmer in der Lage sind, sich realistisch einzuschätzen.

Zudem wurde in der gemeinsamen Nachbereitung diskutiert, ob die Vorträge zu lang waren oder ob man einer anderen Phase der geplanten Seminarsitzung zu viel Zeit zugesprochen hatte. Diese Frage stellte sich, da die zweite Gruppe von Referenten nicht ausreichend Zeit für ihre Vorträge hatte. Es wäre hier möglich gewesen, die Gruppenarbeitsphase um einige Minuten zu kürzen, was die Ergebnisse nicht wesentlich beeinflusst hätte.

Die Gruppe kam letztendlich aber zu dem Schluss, dass die Seminarsitzung insgesamt durchaus als gelungen bezeichnet werden kann, da das selbst gesetzte Ziel, die Vermittlung grundlegenden Wissens über Diagnostik und individuelle Förderung, erreicht werden konnte.

5. Einleitung II

Nach dem allgemeinen Teil, sollen nun die Ergebnisse der Gruppenarbeit am Beispiel von LRS reflektiert werden. Es soll dabei um die Frage gehen, welche speziellen Formen es von Diagnostik und Förderung bei lese-rechtschreibschwachen Kindern gibt und ob diese sich von den allgemeinen Diagnose- und Fördermöglichkeiten unterscheiden.

„Mit dem Begriff Lese-Rechtschreib-Störung wird eine Störung bezeichnet, die durch ausgeprägte Schwierigkeiten beim Erlernen des Lesens und/oder des Rechtschreibens gekennzeichnet ist."[1] Nach dem Modell von Lauth/Brunstein/Grünke ist LRS in den Bereich der partiellen und persistierenden Lernstörungen einzuordnen.[2] Nach dem Internationalen Klassifikationsschema (ICD-10) der WHO schließen bestimmte Kriterien die Diagnose LRS aus. Es dürfen weder eine neurologische Störung, eine geistige Behinderung, eine periphere Hör- oder Sehbeeinträchtigung oder aber eine unzureichende Unterrichtung vorliegen.[3]

In der Forschung besteht grundsätzlich Uneinigkeit darüber, wie die einzelnen Begriffe „Legasthenie", „Lese-Rechtschreib*störung*" und „Lese-Rechtschreib*schwäche*" genau zu definieren sind. Im Rahmen der Hausarbeit werde ich mich auf die laut Eichler im Allgemeinen akzeptierte Theorie von LRS als Lernstörung beziehen.[4] Demnach wirken sich verschiedene Faktoren negativ auf das Lese- und Rechtschreibverhalten eines Schülers aus und beeinträchtigen dessen Entwicklung - meist auch über die eigentliche bereichsspezifische Störung hinaus. Eine Lese- und/oder Rechtschreibstörung kann drastische Auswirkungen auf die Psyche eines Kindes haben. Beispielsweise kann es zur Ausbildung einer generellen Lese- und Schreibangst kommen.[5]

Die Ursachen von LRS sind vielseitig. Klicpera/Schabmann/Gasteiger-Klicpera zählen erstens biologische bzw. genetische Faktoren, zweitens mangelnde kognitive Lernvoraussetzungen (z.B. visuelle oder auditive Wahrnehmungsschwächen, geringe Benennungsgeschwindigkeit, Beeinträchtigungen des Gedächtnisses) und drittens soziale Gegebenheiten (z.B. sozialökonomische/familiäre Verhältnisse, Freizeitverhalten) als mögliche Gründe für ein gestörtes Lese- und Rechtschreibverhalten auf.[6]

---

[1] Schulte-Körne, Gerd: Lese-Rechtschreib-Störung. Symptomatik, Diagnostik, Verlauf, Ursachen und Förderung, in: Günther Thomé (Hrsg.): Lese-Rechtschreib-Schwierigkeiten (LRS) und Legasthenie. Eine grundlegende Einführung, Weinheim u. Basel 2004, S. 64.
[2] vgl. Kiper, H/Mische, W.: Einführung in die Theorie des Unterrichts, Weinheim u. Basel 2006, S. 126.
[3] vgl. Schulte-Körne: a.a.O., S. 65.
[4] vgl. Eichler, Wolfgang: Lese-Rechtschreib-Schwierigkeiten und Legasthenie nach dem neuropsychologischen und Teilleistungskonzept, in: Günther Thomé (Hrsg.): Lese-Rechtschreib-Schwierigkeiten (LRS) und Legasthenie. Eine grundlegende Einführung, Weinheim u. Basel 2004, S. 53.
[5] vgl. Eichler: a.a.O., S. 53.
[6] Klicpera/Schabmann/Gasteiger-Klipera: Legasthenie – LRS. Modelle, Diagnose, Therapie und Förderung, 3. aktualisierte Auflage, München 2010.

6. Formen der Diagnostik bei LRS

Tendenzen zur Entwicklung einer Lese-Rechtschreibschwäche können bereits im Vorschulalter diagnostiziert und frühzeitig gefördert werden. Als Diagnoseverfahren eignen sich standardisierte Testverfahren. In den ersten Grundschuljahren spielen die Beobachtungen des jeweiligen Klassenlehrers eine wichtige Rolle. Die Schwierigkeit einer korrekten Diagnose liegt dabei vor allem in der unterschiedlichen Entwicklung einzelner Schüler. Gerade in den ersten Jahren können die Lese- und Rechtschreibfähigkeiten noch sehr unbeständig ansteigen.

Kennzeichen einer Leseschwäche sind beispielsweise das Auslassen, Ersetzen, Verdrehen oder Hinzufügen von Worten oder Wortteilen, eine niedrige Lesegeschwindigkeit, Schwierigkeiten beim Vorlesen oder die Unfähigkeit, aus dem Gelesenen, Zusammenhänge zu erkennen und Schlussfolgerungen zu ziehen. Schwächen beim Rechtschreiben zeigen sich vor allem in einer hohen Fehlerzahl bei ungeübten Diktaten oder beim Abschreiben von Texten, aber auch durch Schwierigkeiten beim Schreiben von Buchstaben, Wörtern und Sätzen oder beim mündlichen Buchstabieren.[7] Auf diese Symptome muss ein Lehrer achten, um ggf. weitere Untersuchungsmaßnahmen einzuleiten.

6.1. Beobachtung im Unterricht und ergänzendes Elterngespräch

Wenn nicht schon im Vorschulalter eine Lese-Rechtschreibschwäche diagnostiziert wurde, steht in den ersten Jahren des Lese- und Schriftspracherwerbs als erster Schritt die Beobachtung des auffälligen Schülers im Regelunterricht durch den jeweiligen Klassenlehrer. Innerhalb einer informellen Verhaltensbeobachtung sollen Erkenntnisse über das Verhalten des Schülers gewonnen werden. Im Vordergrund stehe hierbei laut Schulte-Körne die „qualitative Beurteilung des individuellen Entwicklungsstandes des Kindes im Lesen und Rechtschreiben."[8] Anhand der Beobachtungen können im Anschluss weitere Maßnahmen erfolgen. „Empfehlenswert ist eine interdisziplinäre Zusammenarbeit von Kinder- und Jugendpsychiatern, Schulpsychologen und Lehrern."[9]

Nach der Feststellung von Verhaltensauffälligkeiten im Regelunterricht, ist die Durchführung eines ausführlichen Elterngesprächs unerlässlich. „Ziel des Gesprächs soll sein, Informationen über den Werdegang des Kindes zu erhalten, um seine Situation besser zu verstehen und seine individuelle Störung besser einordnen zu können."[10]

---

[7] vgl. Schulte-Körne: a.a.O., S. 66.
[8] Schulte-Körne: a.a.O., S. 70.
[9] Schulte-Körne: a.a.O., S. 71.
[10] Kleinmann: Klaus: Verstehen, Beobachten und gezieltes Fördern von LRS-Schülern. Ein Leitfaden für die Praxis von Einzelförderung, LRS-Kleingruppenarbeit und Prävention im differenzierten Erstlese- und Schreibunterricht, Dortmund 1999, S.64.

6.2. Standardisierte Testverfahren

Lese- und Rechtschreibschwierigkeiten können neben der schulischen Beobachtung auch durch standardisierte Testverfahren ermittelt werden. Die verschiedenen Verfahren sind für Kinder unterschiedlicher Altersstufen konzipiert und zielen meist entweder auf die Erfassung von Defiziten im Lesen oder Rechtschreiben oder auf spezifische Schwierigkeiten innerhalb dieser beiden Bereiche.

Das „Bielefelder Screening zur Früherkennung von Lese-Rechtschreibschwierigkeiten BISC" ist für Vorschulkinder konzipiert. Es sollen neben der phonologischen Bewusstheit auch Aufmerksamkeitsverhalten und Gedächtniszugriff, als wichtige Voraussetzungen für den späteren Schriftspracherwerb, erfasst und untersucht werden.[11] Eine fehlerfreie Vorhersage ist allerdings, wie bei allen Testverfahren, laut Jansen auch hier nicht möglich.[12]

Ein weiteres Testverfahren zur Ermittlung der Rechtschreibkompetenz ist die sogenannte „Oldenburger Fehleranalyse" (OLFA). Sie ist für Grundschüler konzipiert und soll anhand frei formulierter Schülertexte die Messung orthografischer Kompetenz ermöglichen.[13] Mit OLFA soll nicht ermittelt werden, *ob* ein Schüler […] Probleme mit der Rechtschreibung hat, sondern es soll präzisiert werden, *wo* die Rechtschreibprobleme liegen."[14]

Als weitere Beispiele für standardisierte Testverfahren nennt Thomé die „Diagnostischen Rechtschreibtests" (DRT), den „Salzburger Lese- und Rechtschreibtest" (SLRT), die „Hamburger Schreibprobe" oder die „Dortmunder Rechtschreibfehler-Analyse" (DoRA).

7. Möglichkeiten der individuellen Förderung bei LRS

Eine Lese-Rechtschreibschwäche muss aufgrund verschiedener möglicher Ursachen und der speziellen Symptomatik individuell gefördert werden. In vielen Fällen wird ein Förderplan entworfen, in dem der jeweilige Trainings- und Behandlungsbedarf festgelegt wird. Laut Klicpera ist es wichtig, dass gefährdete Kinder so früh wie möglich gezielte Hilfestellungen bekommen, da sich durch eine frühzeitige Intervention schwerwiegende Probleme oder weiterführende Schwierigkeiten verhindern lassen.[15] Die Fördermaßnamen sind u.a. abhängig von der Form und vom Schweregrad der Störung, vom Stand in der Schriftsprachentwicklung, vom Alter des Kindes sowie vom sozialen und schulischen Umfeld.[16]

---

[11] vgl. Jansen, Heiner: Früherkennung und Frühförderung bei Risiken zur Ausbildung von Lese-Rechtschreib-Schwierigkeiten, in: Günther Thomé (Hrsg.): Lese-Rechtschreib-Schwierigkeiten (LRS) und Legasthenie. Eine grundlegende Einführung, Weinheim u. Basel 2004, S. 64.
[12] vgl. Jansen: a.a.O., S. 120.
[13] vgl. Thomé, G./ Thomé, D.: Die Oldenburger Fehleranalyse (OLFA), in: Günther Thomé (Hrsg.): Lese-Rechtschreib-Schwierigkeiten (LRS) und Legasthenie. Eine grundlegende Einführung, Weinheim u. Basel 2004, S. 128.
[14] Thomé: a.a.O., S. 132.
[15] vgl. Klicpera: a.a.O., S. 238.
[16] vgl. Schulte-Körne: a.a.O., S. 74.

„Grundsätzlich lassen sich zwei Formen der Förderung, die schulische und außerschulische Förderung, sinnvoll unterscheiden."[17] Eine außerschulische Förderung sei laut Schulte-Körne dann sinnvoll, wenn zusätzlich zur Lese-Rechtschreibstörung auch psychische Störungen vorliegen.[18] Innerhalb der schulischen Förderung wird zudem zwischen der Förderung im regulären Klassenunterricht und der Förderung in zusätzlich eingerichteten Fördergruppen unterschieden. Zu den allgemeinen Fördermöglichkeiten zählen darüber hinaus noch die Prävention und Frühförderung im Vorschulalter sowie die Unterstützung durch die Eltern zuhause.

7.1. Prävention und Frühförderung

Zur vorschulischen Prävention von Lese-Rechtschreib-Schwierigkeiten gehöre laut Scheerer-Neumann neben systematischen Vorschulprogrammen z.b. auch schlicht das Vorlesen von Kinderbüchern, um das Interesse an der Schrift oder die Lust an Sprachspielen und Reimen zu wecken. Ziel einer solchen spielerischen Vorgehensweise solle es sein, die phonologische Bewusstheit der Kinder zu fördern, da phonemanalytische Kompetenzen eine Grundvoraussetzung für den späteren Erfolg im Lesen und Schreiben seien.[19] Ein Beispiel für ein spezifisches Vorschulprogramm ist das sogenannte „Würzburger Trainingsprogramm". „In diesem Programm, das sich insgesamt über elf Wochen mit Einheiten zu je zehn Minuten erstreckt, wird in spielerischer Form versucht, dem Kind einen Einblick in die Struktur der Sprache zu vermitteln."[20]

7.2. Förderung im Regelunterricht

Die Bedeutung eines guten Unterrichts für das Erlernen von Lesen und Schreiben ist unumstritten. Der Lehrer hat die Möglichkeit, innerhalb eines auf Individualisierung und Differenzierung ausgelegten Unterrichts, auf die speziellen Bedürfnisse von LRS-Kinder einzugehen. Dabei liegt die Schwierigkeit darin, gleichzeitig auch auf den Fortschritt und die Entwicklung der basalen Lese- und Rechtschreibfähigkeiten der *gesamten* Klasse einzugehen und *alle* Schüler dahingehend zu unterstützen.

Das systematische Vorstellen aller Buchstaben-Laut-Zuordnungen und die Einschränkung des Lesewortschatzes unterstützen laut Klicpera den Erstleseunterricht. Zudem seien beispielsweise Handzeichen bzw. Lautgebärden geeignete Hilfsmittel, um das Behalten der

---

[17] Schulte-Körne: a.a.O., S.79.
[18] vgl. Schulte-Körne: a.a.O., S.81.
[19] vgl. Scheerer-Neuman, Gerheid: Lese-Rechtschreib-Schwäche: Wo stehen wir heute?, in: Günther Thomé (Hrsg.): Lese-Rechtschreib-Schwierigkeiten (LRS) und Legasthenie. Eine grundlegende Einführung, Weinheim u. Basel 2004, S. 28f.
[20] Klicpera: a.a.O., S. 241.

Buchstaben-Laut-Beziehungen zu erleichtern. Darüber hinaus könne in höheren Klassen z.B. Übungen zur Erhöhung der Lesegeläufigkeit durchgeführt oder im Bereich des Rechtschreibens wichtige Rechtschreibregeln eingeführt werden.[21]

Neben der Durchführung von gezielten Übungen zur Unterstützung des kindlichen Lese- und Schriftspracherwerbs, gilt speziell für LRS-Schüler der sogenannte Nachteilsausgleich. D.h. die gesetzliche Regelung unterstützt Schüler mit einer Lese-Rechtschreibschwäche insofern, dass diese ggf. von der Rechtschreibnote befreit werden können und nur der Inhalt geschriebener Texte bewertet wird. „Für die Feststellung der LRS ist allein die Klassenkonferenz zuständig. Sie entscheidet gemessen am Klassendurchschnitt, am Schweregrad und der zeitlichen Ausdehnung der Störung."[22] Eine Einstufung in den LRS-Status kann jederzeit widerrufen werden.

7.3. Die Rolle der Eltern

„Bereits vor Schulbeginn werden in der Familie die Grundlagen für den Erwerb des Lesens und Schreibens gelegt. Wesentliche Bereiche dieser familiären Literalität sind die Sprache und die sprachlichen Interaktionen in der Familie, aber auch der Umgang mit schriftsprachlichem Material und schließlich das soziale und emotionale Klima in den Familien."[23] Folglich kann durch eine gezielte vorschulische Beschäftigung mit dem Medium Sprache dem Kind später der Lese- und Rechtschreiberwerb bedeutend erleichtert werden.

Sollte ein Kind im Laufe seiner Grundschulzeit eine Lese- und/oder Rechtschreibstörung entwickelt haben, ist „intensiver und kontinuierlicher Kontakt mit den Eltern […] für eine erfolgreiche Förderung […] unerläßlich. Dabei müssen die Eltern informiert werden über die konkret bei ihrem Kind vorliegenden Stärken und Schwächen, über Methoden der Förderung und über weitere, außerschulische Therapiemöglichkeiten."[24]

Die Eltern betroffener Kinder haben zwar weniger Möglichkeiten als Klassen- oder Förderlehrer, sie können aber dennoch einen erheblichen Beitrag zur Förderung des Kindes leisten. Eltern sollten in erster Linie für ein lernanregendes Umfeld mit wenigen Ablenkungen sorgen, darüber hinaus sportliche, musikalische oder künstlerische Hobbies unterstützen und die Eigenverantwortlichkeit und Selbstständigkeit des Kindes wecken.[25] Die Bedeutung der familiären Unterstützung, beispielsweise auch durch Unterstützung bei den Hausaufgaben oder durch Ermutigung zum Lesen, ist laut Klicpera nicht zu unterschätzen.[26]

---

[21] vgl. Klicpera: a.a.O., S. 112.
[22] Kleinmann: a.a.O., S. 316.
[23] Klicpera: a.a.O., S. 122.
[24] Kleinmann: a.a.O., S. 303.
[25] vgl. Kleinmann: a.a.O., S. 303.
[26] vgl. Klicpera: a.a.O., S. 114.

7.4. Förderung im Rahmen spezieller Förderkurse

Am intensivsten kann innerhalb von Förderkursen auf die einzelnen Probleme der LRS-Schüler eingegangen werden. Da Kinder oft eher spezifische Probleme haben - beispielsweise in der Lesegeläufigkeit, im Rechtschreiben, im Leseverständnis oder im schriftlichen Ausdruck - werden in der Förderplanung in jedem Fall unterschiedliche Schwerpunkte gelegt, die sich an den speziellen Bedürfnissen des jeweiligen Kindes orientieren.[27]
Es gibt ein umfangreiches Material an Förderprogrammen. Dazu zählen beispielsweise das „Marburger Rechtschreibtraining" oder der „Kieler Leseaufbau".[28] Ein weiteres Beispiel ist das Förderprogramm von Kossow. Dieses Therapieprogramm beinhaltet u.a. Grob- und Feingliederungs-, Differenzierungs-, Einprägungs-, Analogie- und Konzentrationsübungen.[29]
Innerhalb solcher Förderprogramme können LRS-Kinder im Rahmen von Kleingruppen ihre jeweiligen Defizite ausgleichen, wenn die Förderung durch den normalen Regelunterricht oder Hilfestellungen der Eltern nicht mehr ausreichen.

8. Abschließendes Fazit

Im speziellen Fall der Lese-Rechtschreibschwäche unterscheidet sich die Vorgehensweise prinzipiell nicht von den allgemeinen Formen des Diagnostizierens und Förderns verschiedener Lernstörungen.
Laut Kiper/Mischke folgt die Durchführung einer geplanten Diagnostik einer festgelegten Reihenfolge von Arbeitsschritten. Am Anfang steht die Klärung des diagnostischen Problems. Ist das Problem klar definiert, folgen zum einen die Aufstellung von Hypothesen und zum anderen die Überlegung geeigneter Diagnostikverfahren. Im Anschluss werden mithilfe geeigneter Stichproben von Situationen und Aufgaben Daten erhoben, die anschließend ausgewertet werden müssen. Am Schluss steht evtl. die Ausarbeitung eines Förderplans.[30]
Auch das Diagnostikverfahren von LRS erfolgt nach einem bestimmten Schema. Eine informelle Beobachtung und das Elterngespräch dienen zur Feststellung des Problems, d.h. zur Feststellung von Symptomen, die auf eine Lese-Rechtschreibschwäche hindeuten könnten. Um die Vermutung zu stützen, schließt sich der allgemeinen Beobachtung im Regelunterricht eine differenziertere Einzelbeobachtung an. Hierbei können standardisierte Testverfahren Aufschluss über mögliche Störungen oder Schwächen geben. Anhand der Ergebnisse wird ggf. ein individueller Förderplan entworfen, der die Bedürfnisse des

---

[27] vgl. Klicpera: a.a.O., S. 153ff.
[28] vgl. Schulte-Körne: a.a.O., S. 81.
[29] vgl. Klicpera: a.a.O., S. 266f.
[30] vlg. Kiper/Mischke: a.a.O., S. 116f.

betroffenen Kindes angemessen berücksichtigt. Ein einheitliches Vorgehen gebe es bei der Diagnostik allerdings laut Schulte-Körne nicht.[31]

Eine differenzierte Förderung kann neben einer gezielten frühen Prävention sowohl durch die Eltern als auch im Regelunterricht und vor allem in speziellen Förderkursen ermöglicht und geleistet werden.

---

[31] vgl. Schulte-Körne: a.a.O., S. 69.

9. Literaturverzeichnis

Kiper, H./Mischke, W.: Einführung in die Theorie des Unterrichts, Weinheim u. Basel 2006, S.110-155.

Kleinmann, Klaus: Verstehen, Beobachten und gezieltes Fördern von LRS-Schülern. Ein Leitfaden für die Praxis von Einzelförderung, LRS-Kleingruppenarbeit und Prävention im differenzierten Erstlese- und Schreibunterricht, Dortmund 1999.

Klicpera/Schabmann/Gasteiger-Klipera: Legasthenie – LRS. Modelle, Diagnose, Therapie und Förderung, 3. aktualisierte Auflage, München 2010.

Thomé, Günther (Hrsg.): Les-Rechtschreib-Schwierigkeiten (LRS) und Legasthenie. Eine grundlegende Einführung, Weinheim u. Basel 2004.